Oscar Daniel Andriano

Backup y Prevención de Desastres

Primera Edición
2008

Librería y Editorial Alsina

Paraná 137 - Buenos Aires - Argentina
Tel.(54)(011)4373-2942 y Telefax (54)(011)4371-9309

http://www.lealsina.com
E-mail: info@lealsina.com

Queda hecho el depósito que establece la ley 11.723
Buenos Aires, 2008

Diseño de tapa, diagramación, gráficas y armado de interior

Oscar Daniel Andriano, oscar@savedata.com.ar

IMPRESO EN ARGENTINA

Andriano, Oscar
Backup y prevención de desastres. 1a ed. -
Buenos Aires : Librería y Editorial Alsina, 2008. 66 p. ; 20x14cm.

ISBN 978-950-553-162-2

1. Copias de Seguridad. I. Título CDD 005.86
Fecha de catalogación: 12/02/2008

DEDICATORIAS

A mis hijos, Dante y Diego,
mis más grandes proyectos.

A mi esposa Patricia,
que me aguanta en todo.

A mi padre,
que me dio valores de vida.

A mi madre,
que me trajo al mundo.

A mis hermanos, Cacho y Norma,
mi confianza.

Mi agradecimiento a
Fabricio Baglivo
Diego José Marino
Alejandro Porchietto
Alejandro Petinelli
por su ayuda.

Sobre el Autor

Después de desarrollarme en el área de recuperación de datos y ver las diferentes y múltiples formas de perder los datos, surgió la necesidad de escribir este libro para enseñar en algunos casos y/o dar mi punto de vista tratando de evitar diferentes desastres a nivel informático.

Actualmente me dedico a:

Recuperación de Datos.
Armado de Servidores de media y alta gama.
Servidores Windows NT, 2000.
Servidores Linux.
Servidores de Mail y Web.

savedata

Laboratorio de Recuperación de Datos

www.savedata.com.ar
www.oscar.savedata.com.ar
oscar@savedata.com.ar

ÍNDICE GENERAL

Dedicatorias. 3
Sobre el autor. 4
Introducción 7

CAPÍTULO I
FACTORES DE PERDIDA DE INFORMACIÓN. 9
Virus y spyware, 9; Hackers, 9; Fallos de hardware, 10; Cuidado en la compra de discos rígidos nuevos, 10; Discos rígidos de segunda línea, 11; Refurbished, 12; Golpes de luz, 13; Accidentes, 14; Fallos de software, 15; Imágenes ilustrativas, 15.

CAPÍTULO II
ACCIONES PREVENTIVAS. 17
Virus y spyware, 17; Hackers, 19; Fallos de hardware, 20; Fallos de software, 21; Cuidado de los discos rígidos, 21; Tips, 22; Notebook y case, 25; Calidad de los discos rígidos, 25; Arreglo de discos rígidos o raid de discos rígidos, 26; No es lo mismo tener redundancia de datos con tener resguardados los datos, 27; Tips, 28.

CAPÍTULO III
S.M.A.R.T 29

CAPÍTULO IV
BACKUP 33
Privacidad, 34; Responsabilidad, 34; Usuarios, 35; Tips, 35; Metodos de backup en server, 39; Backup remoto, 40; Archivado

o archiving, 40; Backup en cintas, 41; Rotación de cintas, 41; Los pro y contras del backup en disco rígido, 42; Los pro y contra del backup en cintas, 42; Espejado asincrónico, 43; Espejado sincrónico, 43; Cluster, 44; Cuidados, 45; Software de clustering, 45; Software de backup, 46; Tips, 46; Si considera que tiene un problema potencial entre manos, 47.

CAPÍTULO V

CONCLUSION 49

Pérdida de dinero, 50; Pérdida de datos importantes, parciales o totales, 50; Pérdida de tiempo en rearmar los datos, 50; Pérdida de servicios, 51; Primera ley de Murphy, 51.

APÉNDICE A

OTROS MÉTODOS DE BACKUP 53

Backup diferencial; 53, Backup incremental; 54, Rotación de 11 cintas en 5 días / 4 semanas / 3 meses; 54, Rotación de 12 cintas en 5 dias / 4 semanas / 3 meses; 55.

APÉNDICE B

NIVELES DE RAID 57

Implementación, 58; Con la implementación por software, 58; Con una implementación por hardware, 58; Las controladoras de raid híbridas, 60; Raid 0 o data stripping, 60; Jbod o spanning, 61; Raid 1 o data mirroring, 61; Raid 2 o acceso paralelo, 62; Raid 3, 63; Raid 4, 63; Raid 5 con paridad distribuida, 63; Raid 6 con acceso independiente y doble paridad, 64; Raid 5E y Raid 6E, 65; Raid anidados, 65; Niveles raid propietarios, 66.

INTRODUCCIÓN

Como primer elemento de ayuda les voy a dar una recomendación o mejor dicho una frase para que la tengan siempre presente.

« **NO HAY MEJOR INFORMACIÓN RECUPERADA QUE LA NO PERDIDA**»

No hay en el mundo una computadora que este protegida de tal manera que no tenga la posibilidad de perder sus datos.

Es una posibilidad diaria que ocurra un desastre en nuestros equipos, también ocurre con frecuencia la pérdida de archivos aislados.

El perder estos datos, implica un gran retraso en el normal desarrollo de una empresa y se requieren esfuerzos descomunales para reconstruir la estructura de dicha información y acompañando a este problema la pérdida de negocios, clientes, nuevos proyectos, etc.

Siempre donde hay una computadora con información sensible hay factores de riesgo para la pérdida de datos y es necesario generar el respaldo de estos en forma adecuada y ordenada. Esta pérdida puede ser en forma involuntaria, accidental o por factores externos.

Nuestra empresa se especializa en recuperar archivos y datos desde un medio de almacenamiento dañado, con un promedio anual, en el año 2007, de un 74.70% de exito.

En el resto de los casos los datos se pierden definitivamente ya sea porque no hay copias existentes, porque la cantidad de datos perdidos es tanta que es imposible recuperarlos o porque el medio almacenable se torna completamente inaccesible.

El tiempo que transcurre después de un desastre de gran magnitud puede significar cientos o miles de pesos de pérdida de esa empresa. Sin una política apropiada de backup y prevención de desastres, el tiempo perdido puede ser más que grave.

Como habrán visto en el temario, en esta charla, se tratarán las diferentes causas de pérdida y las acciones que se pueden tomar para prevenir estos desastres, también se mencionarán diferentes tips para minimizar las posibilidades de pérdida de datos.

Oscar Daniel Andriano

CAPÍTULO I

Factores de pérdida de información

Los factores por los cuales se pierden datos son múltiples y a continuación pasamos a detallarlos:

Virus y spyware

En la actualidad hay un sin número de virus informáticos, las bases de datos de los antivirus rondan las 200.000 definiciones de virus y están en continuo crecimiento. También tenemos una variedad de spyware, malware, gusanos, etc.

Estos virus cuando ingresan en nuestra computadora se activan y logran borrar, modificar y en muchas ocasiones la destrucción total de nuestra información.

Hackers

Cuando los puertos de una computadora están mal

configurados o no hay un firewall bien configurado, esto da oportunidad de ingresar a nuestra red o a nuestra computadora, personas oportunista por el solo hecho de demostrar si nuestra red es vulnerable o no.

Una vez que acceden a nuestra red quedamos a merced de ellos, pudiendo robar información, producir daños parciales o importantes. Este tema es poco tratado aquí ya que corresponde al área de seguridad informática.

Fallos de hardware

Hay mucha variedad de fallos a nivel hardware, nosotros hablaremos únicamente de fallos a nivel de dispositivos de almacenamiento.

Cuidados en la compra de discos rígidos nuevos

A través de años de trabajo recuperando datos hemos detectado muchas variedades de fallas.

Una posible causa de falla a corto plazo que se produce a partir de la compra de los discos rígidos, es que los dispositivos que se adquieren como nuevos en algún comercio local o en algún mayorista de hardware son **de segunda línea**, sumandole a este problema una línea de discos rígidos **refurbished**, esta palabra significa «reparado».

Discos rígidos de segunda línea

Como se mencionó en el párrafo anterior hay discos nuevos de segunda línea, estos discos no cumplen con los estándares de EEUU ni de Europa, es por ello que se los vende en países donde los estándares de calidad son mucho menores, como el nuestro.

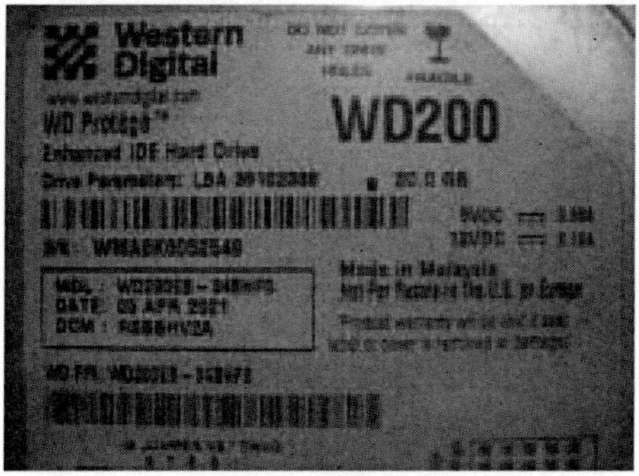

Imágen 1

Imágen 2

En la imágen 1 (*Pag. 11*) se alcanza a leer en la etiqueta de un disco rígido Western Digital.

Made In Malasia, Not For Resale In U.S. or Europe

En la imágen 2 (*Pag. 11*) tenemos la etiqueta de un Quantum Fireball LCT, la sigla LCT significa.

Low Cost Technology

Refurbished

Estos discos rígidos, (refurbished) que adquirimos como nuevos, en algún momento fallaron ya sea apenas salieron de fábrica (defecto de fabricación) o luego de venderlos y haber sido usados por un tiempo sufren algún desperfecto. En estos casos la fábrica los recibe en garantía, los reparan y los vuelven a sacar a la venta. Esto nos permite deducir que si fallaron una vez pueden fallar con mucha mas probabilidad una segunda. A continuación vemos imágenes de discos rígidos refurbished

Disco rígido es marca Quantum, se lo reparó y vuelto a vender con la marca Value.

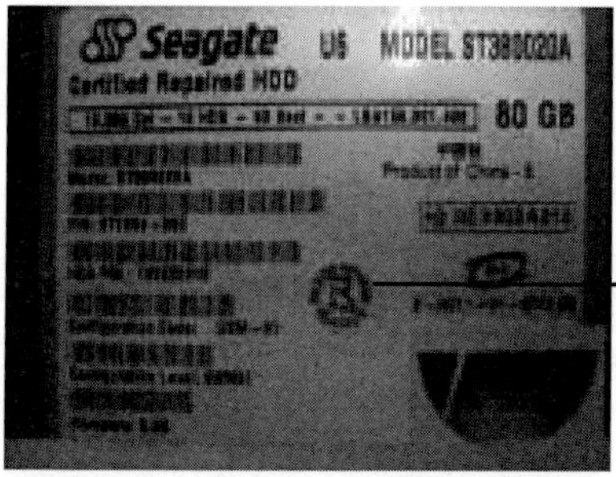

Disco rígido es marca Seagate, con el sello de refurbished.

Disco rígido es marca Maxtor, con la etiqueta de refurbished.

Golpes de luz

Placa lógica de un disco rígido marca Maxtor,se quemó por un golpe de tensión.

Accidentes

Inundación
Mala conexión en los diferentes puertos
Borrado accidental o intencional
Incendio
Caída al piso de los discos rígidos

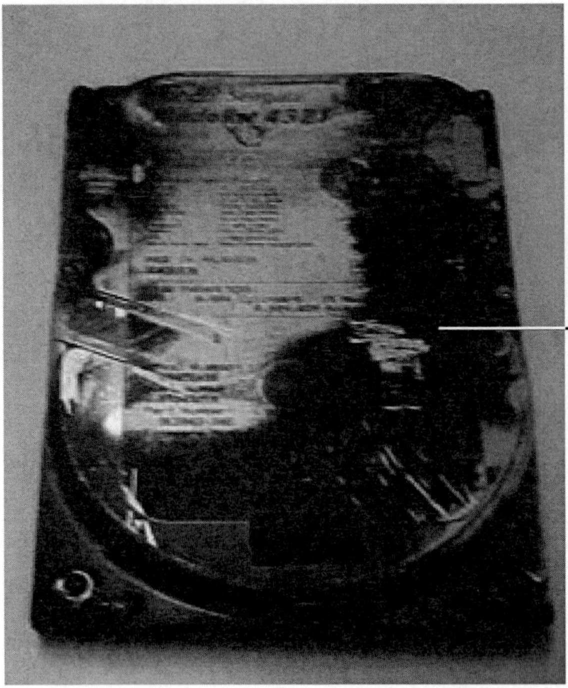

Disco rígido que estuvo en un incendio y al que se le lograron extraer los datos

Disco rígido que sufrió un golpe

Fallos de software

Muchos de los fallos de software se generan por una falla del propio equipo y la consecuencia de esta falla es la pérdida de algún archivo.

Imágenes ilustrativas

Las siguientes imágenes son meramente ilustrativas, con estas imágenes quiero reflejarles, la magnitud de los tamaños con que estamos tratando.

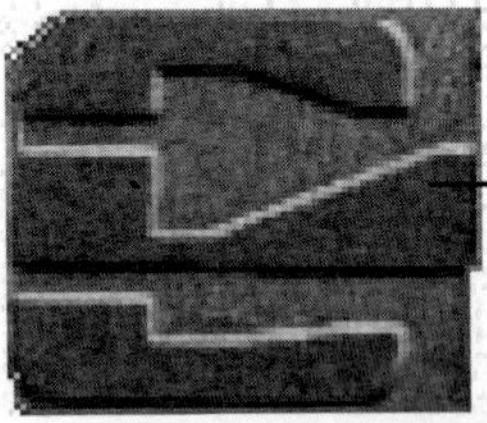

En esta imágen se observarva la forma de un c a b e z a l

En esta imágen se observarva un grano de arroz que al momento de fotografiarlo se fue de foco para poder compararlo con el tamaño de un cabezal

En esta imágen se observarva a nivel atómico, como se guarda la información

CAPÍTULO II

Acciones preventivas

Las acciones preventivas van en función de los factores de riesgo por los cuales se pierde información. Es importante tener cuidado en ciertos aspectos cuando uno trata con software o hardware.

Virus y spyware

Cuando por alguna causa el virus ingresa en nuestra máquina, lo primero que hace es anular el antivirus para poder hacer su trabajo tranquilamente. El efecto secundario que genera esta acción, es que muchos otros virus que están en la red al no encontrar resistencia del antivirus también ingresan a nuestra computadora. Con esto quiero decir que cuando entra un virus, entran todos.

Por este motivo es importante controlar el debido funcionamiento del antivirus, si se tienen dudas del buen funcionamiento hay que tomar las medidas necesarias para reparar esta falla o llamar a la persona que mantiene nuestro equipo y comentarle este problema. Hay que recontrolar continuamente que se mantenga actualizado y funcionando.

El administrador de red que maneje un servidor de mail, propio de la empresa, lo ideal es que tenga en este servidor un antivirus actualizado y funcionando, con esto lo que se busca es un doble filtrado o incluso hasta un triple filtrado de los virus, primero a nivel servidor y luego a nivel máquina usuario.

También hay que tener algún detector de spyware que funcione a nivel servicio (de la misma manera que funciona un antivirus) en el equipo del usuario o algún antispyware que permita hacerlo funcionar manualmente y al igual que el antivirus siempre tiene que estar bien actualizado.

En la actualidad la mayoría de los virus ingresan en nuestras máquinas por el simple hecho de navegar en Internet, el virus por mail con el tiempo va a ir decreciendo ya que cuando uno navega está mas predispuesto a aceptar que algo ingrese a nuestra máquina a que cuando uno tiene un mail que no sabe de quien es, ni de donde proviene y no queremos aceptar lo que nos están proponiendo (hacer un clic en el attachment del mail).

Tenemos una variedad muy grande de software para poder generar acciones preventivas contra estos, en algunos casos, como es de público conocimiento son gratuitos y en otros hay que pagar la licencia a la empresa que lo programa.

Antivirus	Avg, Norton Nod32, Panda Karpesky

Y para el spyware, al igual que con los antivirus, también contamos con una gran variedad de software

Anti spyware	Pareto logic Spybot, Xsoft Ad-aware, The cleaner

Hackers

La solución a este problema es poner firewall configurados correctamente en el equipo o en la línea de internet que entra a nuestra máquina.

Si hablamos de una red en una pyme o empresa, hay soluciones como los routers que son fáciles de configurar y traen un firewall incorporado.

También existen soluciones bajo linux que manejan el tráfico de internet como un router y se configura manualmente el firewall incorporado, son muy confiables y gratuitos, una de esta distribución por ejemplo es el IPcop.

Hay muchos software para esta clase de trabajo, el propio firewall de windows podría ser uno o alguno de otra empresa programadora como el Zonealarm.

Fallos de hardware

Los fallos de hardware en muchas ocasiones se solucionan con una inspección de los equipos en forma ordenada y cada determinado tiempo. Una de las principales fallas es la rotura de los coolers, tanto del microprocesador como el de la fuente.

Este mal funcionamiento hace que el equipo tome temperatura indebida para el trabajo, produciendo determinadas fallas, generalmente reseteos o apagados inesperados si es que están seteados en el bios. Es importante que se haga una inspección antes de comenzar el verano ya que es cuando mayormente se producen estos problemas.

Si se usan soluciones SAI o UPS (Uninterruptible power supply) y son muy recomendables, hay que comprobar la potencia requerida para la cantidad de equipos que se va a alimentar y comprar el adecuado.

Al menos una vez al año se deben inspeccionar y comprobar estos dispositivos de protección para asegurarse de su correcto funcionamiento.

Utilizar líneas dedicadas para la conexión de computadoras. En muchas empresas a estas líneas de corrientes en particular le ponen un UPS para controlar la corriente de todos los equipos. Es importante que esta línea no se comparta con nada, como por ejemplo con el aire acondicionado, aspiradora, etc. o con equipos de gran consumo ya que cada vez que arrancan hay bajas de tensión y esto afectan a los cpu.

Los rayos son un gran problema durante las tormentas. Es importante tener una jabalina a tierra y que este cable a tierra este presente en la línea dedicada a los cpu.

Hay que verificar y darle el mantenimiento adecuado al cableado de red, éste es un factor de riesgo en la perdida de datos.

Fallos de software

El hacer un mantenimiento ordenado y cada cierto tiempo de los equipos, las fallas de software tienden a decrecer. Hay que tener en cuenta que el software que compramos para uso de la empresa si bien es cierto no es garantía de que no contengan fallas, tenemos que confiar que fueron testeados antes de ser lanzados a la venta y por lo tanto estos fallos son poco probables.

Cuando una maquina se resetea o se apaga en forma inesperada es cuando se producen perdidas de datos.

Cuidado de los discos rígidos

Una de las recomendaciones es desfragmentar en forma periódica el disco rígido para aligerar la carga de trabajo. Lo que se logra con esto es que el disco trabaje menos y con mayor eficiencia en la entrega de datos, este menor trabajo se traduce directamente en una disminución en las posibilidades de rotura ya que el disco trabaja en forma holgada y disminuyendo su temperatura de trabajo. También ayuda al performance del cpu y por último ayudamos al área de recuperación de datos frente a una catástrofe.

Tips

No usar discos rígidos viejos (generalmente de pequeña capacidad) ya que los discos tienen un determinado tiempo de vida útil y el riesgo de rotura es mayor.

Tratar de no instalar y desinstalar programas en forma indiscriminada, para estas pruebas de software hay que hacer uso de equipos de testeos.

Una herramienta muy importante que tienen los discos y es acompañada por el motherboard de la máquina es el smart, a este tema lo tratamos en el capítulo de **S.M.A.R.T.** *Pag.29.*

Es importante no golpearlos ni maltratarlos, ya que se desalinean los platos y se producen head crash, las siguientes imágenes son producto de head crash.

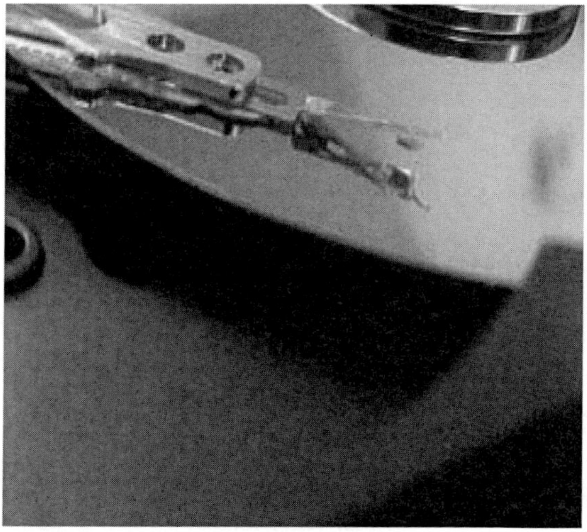

Notebook y case

Con los discos rígidos de notebook y con los case (cajas externas de discos rígidos generalmente USB) hay que tener un cuidado aún mayor ya que al ser móvil el equipo se lo suele mover mientras el disco rígido esta trabajando, esto es contraproducente.

A los viajeros tienen que tener cuidado por los lugares donde llevan sus notebook ya que un disco rígido estándar no soporta mas de 2500 o 3000 metros de altura sobre el nivel del mar.

Esta diferencia de presión no permite generar el colchón de aire para que los cabezales tomen vuelo y tengan la distancia adecuada con respecto a los platos.

En estas alturas, los discos rígidos no giran por que el cabezal no alcanza a despegar de los platos o si empiezan a girar se pueden producir head crash.

Para altura mayores el equipo tiene que tener un disco rígido específico de altura, no confundir con la altura del vuelo en un avión ya que la cabina está presurizada.

Calidad de los discos rígidos

Hay diferentes calidades de discos rígidos que uno no presta atención al comprarlos, la línea de los «refurbished», son discos rígidos reparados en china o por la propia fábrica poniéndolos nuevamente a la venta, no está de más repetir que si fallaron una vez hay grandes posibilidades que fallen una segunda vez, algunas de estas marcas son:

Value (Quantum)
Diamond (Maxtor)
Excel Store (Hitachi)
Magnetic Data (Western Digital)
Generic (Maxtor/Western Digital)
Seagate (los reparan en fábrica y los saca con su propio nombre con un sello muy pequeño de refurbished)

Arreglo de discos rígidos o raid de discos rígidos

Para la línea de servidores, en la actualidad es común encontrar servidores que funcionan con raid 0, 1, 5 y otras variaciones. Por otras variantes de raid ir al **Apendice B**, *Pag. 57.*

El administrador de red o el gerente de IT tiene que tener en cuenta que los discos rígidos sata que se encuentran en plaza a un costo razonable por Gb de datos guardados no están fabricados para trabajos intensos en servidores o en raid, tienden a caerse mucho más rápido de lo que se cree o se espera.

Para éste trabajo en específico hay dos líneas de discos rígidos, la línea de los SCSI muy conocida y una nueva línea sata de Western Digital que están hechos para servidores, como por ejemplo el modelo es WD2500YS.

No es lo mismo tener redundancia de datos con tener resguardados los datos

Un raid o un arreglo de discos rígidos nos brinda seguridad de trabajo con nuestros datos, en caso de que falle algún disco rígido o se dañe alguno, el sistema seguirá funcionando ininterrumpidamente y no se perderán los datos, claro está que depende de los niveles de raid y de seguridad que se hayan elegido al armar estos arreglos.

Los niveles de raid son múltiples, raid 0, 1, 5 o 0+1 y muchas otras variaciones, esto le brindará redundancia de datos para que no se pierdan en caso de falla de un disco rígido, si además agrega un disco en hot-spare, tendrá tolerancia a fallas de dos discos rígidos.

Sin embargo el tener los datos en un arreglo de disco no significa que los datos estén resguardados. El tener un raid significa que tenemos un mejor nivel de seguridad en el resguardo de los datos, pero no están 100% seguros.

El backup de los datos se hace para que «suceda lo que suceda» con nuestros discos rígidos y con nuestro servidor, sean fallas de hardware, errores o siniestros (robo, incendio, inundaciones, boicot, error humano, derrumbes en el edificio donde esté el sistema, etc.) que provoquen la pérdida parcial o total de nuestros datos, tengamos una copia de los datos del día anterior o por lo menos de una semana atrás. Esta copia se debe realizar sobre un medio magnético y debe guardarse en un lugar físico distinto y alejado de donde se encuentran los server.

Tips

Una recomendación para los administradores de red o gerentes de IT es no ponerse a experimentar con los niveles de raid en los servidores que contengan información sensible hasta no tener los estudios y ensayos necesarios. Si necesitan hacer pruebas en la actualidad hay equipos de bajo costo que permiten generar diferentes niveles de raid. Una vez que se tenga la práctica adecuada y se la ponga en funcionamiento en los server hay que tener todos los parámetros de los arreglos generados debidamente registrados por si ocurre alguna catástrofe.

A pesar de tomar todos estos recaudos, se recomienda que se haga un backup antes de generar algún cambio crítico en los arreglos que estén en funcionamiento en los servidores.

Alejar el equipo de fuentes de calor o frío, evitar cambios bruscos de temperatura que pueden deformar algún elemento mecánico del disco rígido o provocar condensación que provoque averías en la electrónica del disco rígido.

Alejar el equipo de fuentes que generen grandes campos magnéticos, se puede perder la información grabada en el disco rígido incluso estando el ordenador apagado.

Situar el equipo fuera del alcance de golpes involuntarios (los cpu situados en el piso a menudo sufren golpes con el pie).

Antes de formatear un disco rígido para su recarga, verificar que se hayan extraído el 100% de los datos importantes.

Cuando se cargue un equipo para mantener información importante, poner un sistema operativo probado y estable.

CAPÍTULO III

S.M.A.R.T. (inteligente)

Este capítulo fue extraido directamente del libro **«Todo sobre discos rígidos»** de mi autoría ya que es parte importante en el cuidado de los datos.

SMART *(Self Monitoring Analysis and Reporting Technology)* son las siglas de tecnología de supervisión automática, análisis y generación de reportes.

Este método de diagnóstico fue desarrollado originalmente por IBM para sus discos rígidos, con el fin de brindar tempranas advertencias de fallas, a partir de este desarrollo se llegó a una estandarización.

No todas las fallas son predecibles, pero el análisis de algunos atributos mecánicos determina si la degradación de los componentes está sobrepasando los límites de tolerancia.

Con el correr del tiempo y los diferentes testeos continuos, se pueden predecir ciertas fallas, según la documentación de IBM, el 60% de las fallas son mecánicas, y son predecibles.

Esta predicción le da tiempo a los administradores de red o al usuario final la posibilidad de poder hacer backup de sus archivos más importantes y así poder reemplazar su disco rígido.

En la actualidad los principales fabricantes soportan SMART, como Western Digital, Maxtor, Seagate, Fujitsu, Quantum y lógicamente IBM.

Cada fabricante utiliza su propio conjunto de atributos para medir el estado de sus unidades y estos son:

-Altura del cabezal en los platos.
-Desempeño de velocidad real de transporte.
-Tiempo de rotación (RPM).
-CRC.
-Total de sectores reasignados (defectuosos).
-Índice de errores de búsqueda.
-Desempeño del tiempo de búsqueda.
-Recuento de intentos de rotación.
-Conteo de reintentos de calibración.
-Temperatura.

Los atributos del SMART son muchos y variados, cada fabricante toma solo algunos de estos para los testeos de sus discos rígidos.

Si el SMART detecta un cambio de importancia, en forma inmediata nos muestra un cartel:

WARNING: Immediately back up your data and replace your hard disk drive. A failure may be imminent.

Esta tecnología de predicción lógicamente no tiene nada que ver con los hechos fortuitos como golpes, golpes de tensión, rayos, virus, maltrato, etc.

Para poder hacer uso de el SMART tenemos que habilitarlo en el bios del motherboard.

En plaza hay software para poder testearlos, como primera medida hay que comprobar si el fabricante tiene algún software específico para esta función. También existen software comerciales y gratuitos.

-IBM Netfinity Manager.
-Microhouse International EZ Drive.
-Active Smart. http://www.ariolic.com/activesmart/index.html
-Smartudm. http://www.sysinfolab.com/index.htm
-Norton Smart Doctor de Symantec.
-SystemSuite de Ontrack.
-Data Lifeguard Online Diagnostics de Western Digital.
Este programa está diseñado para trabajar con todos los discos rígidos equipados con SMART.

También está online en:

http://websupport.wdc.com/diag/dlg_info.asp?lang=ls

CAPÍTULO IV

Backup

Es importante tener una política de backup y recuperación de desastres claros a seguir, empezaremos analizando estos ítems:

Que datos son importantes para la empresa
Con que frecuencia se modifican estos datos
El volumen de datos a almacenar
En que medios de almacenamiento lo guardaremos
Dónde se debe guardar el o los backup

Con estos datos se puede determinar con que periodicidad se generará un backup, si será diario, semanal, mensual, si se optará por el formato diferencial, incremental o total, por áreas de la empresa o la totalidad de la empresa.

Después de realizar el primer estudio es necesario realizar un análisis de costo / beneficio

Con los dispositivos y equipos a utilizar en el resguardo
Analizar y determinar que información será almacenada

El volumen de la información a respaldar
El nivel de crecimiento de esta
Los espacios físicos para los dispositivos de almacenamiento
La forma de realizarlo.

Privacidad

Se debe contar con una política de privacidad de la información que se respalda en medios transportables, por ejemplo la información se puede encriptar antes de respaldarse.

También se tiene que contar con un procedimiento de borrado seguro de datos de los medios de almacenamiento antes de renovarlos.

La sala de servidores siempre tiene que estar bajo llave, al igual que el lugar donde se almacenan los backup.

Responsabilidades

Un plan de recuperación de desastres, consiste en los pasos a seguir luego de ocurrido éste hecho, como reaccionar y poner en marcha en un plazo mínimo en forma parcial o total la capacidad funcional del sistema.

Para ello es importante que en la empresa haya una persona encargada, dedicada y responsable de los backup, esta persona no tiene que ser necesariamente el administrador de red o el gerente de IT, puede ser un usuario avanzado.

Usuarios

La concientización de los usuarios en este sentido es muy baja, un alto porcentaje de usuarios sabe lo que es un backup pero no sabe como generarlo, o peor aún saben como hacerlo pero no lo hacen ya que lo consideran una pérdida de tiempo, molesto y tedioso.

Cuando un usuario pierde su preciada información, como por ejemplo la carpeta "mis documentos, escritorio, mail, etc." y no la puede recuperar aprende la lección y empieza a generar sus propios backup, pero le dura muy poco, si a los 6 meses (días mas o días menos) se le pregunta si continúan haciendo el backup le responderán que no.

Tips

Es recomendable no almacenar archivos en el directorio raíz del disco rígido, el usuario tiene que tener una carpeta (generalmente mis documentos) donde tiene que guardar todos sus archivos importantes para facilitar la tarea del backup, así nos preocuparemos solo de una única carpeta y no tener que inspeccionar todo el disco cada vez que necesitemos hacer un backup.

Al hacer backup hay que diferenciar entre la información del usuario y la información de la empresa, en muchos casos este usuario tiene 5 Gb de mp3 y 300 Mb de datos + 1 Gb de mail, con esto vamos a requerir menos tiempo de backup por usuario, menos espacio en disco de los servidores y más liberado el tráfico de red, con su correspondiente costo beneficio.

Para que el backup no sea tan pesado, hay que generar dos carpetas, una con la información histórica del usuario (esa que tiene guardada y que usa en forma muy esporádica, archiving) y la otra con la información que usa día a día, es conveniente separar esta información y hacer un único backup de la carpeta con los archivos históricos y continuar con las tareas de backup normales en la segunda carpeta.

Hay software de backup que al momento de hacer el backup permiten encriptar y comprimir, es recomendable no tomar ninguna de estas dos opciones ya que cuando se produce un desastre esto incrementa el nivel de dificultad para recuperarse de un desastre, el nivel de seguridad para la confidencialidad de los datos, en este caso es preferible tomarlo de otra manera, como por ejemplo guardar estos backup en cajas fuertes.

Con los Cd / Dvd se debe cuidar de la superficie donde se graba la información, cuando se los transporta se los debe agarrar del centro o de los bordes, guardarlos en sobres o en cajas para tal fin.

No usar ni Cd ni Dvd regrabables, a estos elementos solo hay que usarlo una vez y guardarlo en algún lugar donde se mantengan lejos de la luz solar y la humedad.

Hay mucha gente que sigue un esquema sencillo para sus backups, por ejemplo hace una copia de seguridad periódicamente en un Cd / Dvd regrabable, ahora, si ingresa un virus a nuestra computadora que sobrescriba los datos o un determinado archivo se corrompe en el disco rígido, los datos en buen estado podrían ser sobrescritos con datos dañados antes de haberse manifestado el problema. Es decir, tanto los datos originales como los de la copia de seguridad pueden estar dañados, por este motivo es importante usarlos una sola vez y luego archivarlos.

Otro punto débil de un Cd / Dvd regrabable, es que cuando se está haciendo el backup primero hay que borrar el backup viejo para luego grabar el nuevo, si en este preciso momento se produce una rotura del disco rígido, perdemos ambos.

No usar los mp3, mp4, disquetes, zip, pendrives, etc. para hacer backup, estos dispositivos son netamente de transporte, no de almacenaje.

No hacer el backup del usuario en el mismo escritorio del usuario o en alguna otra carpeta dentro de la misma máquina, a este hay que sacarlo vía red a otro equipo o por algún otro medio (Cd / Dvd).

No hacer el backup de los servidores dentro del mismo servidor, a este hay que sacarlo vía red a otro equipo o por algún otro medio (Cd / Dvd).

Aunque causen una sonrisa los dos puntos anteriores, Savedata tuvo que recuperar en muchas ocasiones, datos perdidos de esta manera.

Nunca hacer un backup parcial por que estamos pensando «eso creo que ya lo copié», redundar lo que estamos haciendo y volverlo a copiar.

En caso de crisis los backup no son de gran ayuda si los datos backupeados no están actualizados y esto, claro está, es responsabilidad del encargado de backup.

Hacer simulacro de desastres, recargando el backup cada determinado tiempo. Con esto vamos a poder testear la calidad del backup, si el tiempo transcurrido entre backup y backup es el adecuado y si todos los archivos están funcionales.

Este tips va únicamente para los usuarios, en muchas empresas el backup está a cargo de los administradores de red, encargados de backup o gerentes de IT, esto no quita el hecho de que ustedes puedan ayudar facilitando el trabajo.

Hay que tener en cuenta que una persona que desconoce el movimiento de nuestra información está a cargo de ella, es por ello que se tienen que preocupar por dejar la información nueva que se necesita backupear en los lugares adecuados.

Si el backup es responsabilidad de los usuarios, el técnico tiene que poner el software adecuado a esos equipos y darle unespacio adecuado en disco para que este usuario haga su backup, también hay que recontrolar que se hagan en tiempo y forma.

Métodos de backup en server

A medida que el volumen de los datos aumenta, los procedimientos de backup necesitan cada vez más tiempo para realizarse.

Tradicionalmente, esto significaba bajar los servicios del server por algún tiempo, generalmente a la noche, y realizar el backup.

Con el continuo crecimiento de procesos en línea de 24 Hs al día y 365 días al año, esto ya no es aceptable, la ventana para cerrar los sistemas de producción y hacer backup de datos practicamente ha desaparecido.

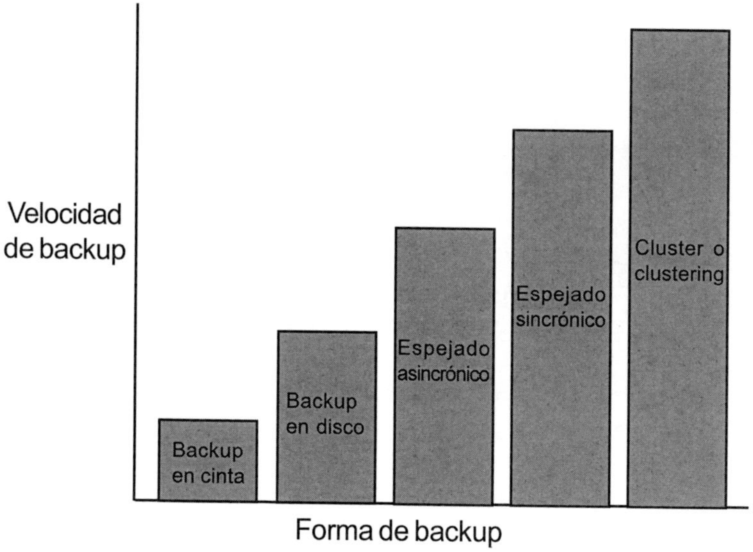

Por este motivo la velocidad con que se puede realizar un backup es determinante para saber con que frecuencia se realizaran los resplados y esto a su vez nos dictamina el máximo potencial de pérdida.

Siendo más específicos, todas las modificaciones de archivos o cambios generados en bases de datos posterior a la última copia corren el riesgo de ser perdidos si ocurre una falla.

Backup remoto

El backup remoto es una cuestión de costo/beneficio, hay que intentar centralizar las operaciones lo máximo posible. Esto es por costos de equipamiento, la regularidad y la comodidad de generar un backup de todo el sistema.

Archivado o archiving

Archivado o archiving significa copiar uno o más archivos sobre cinta o algún medio magnético para ser almacenado por un largo período de tiempo, ya sea por cuestiones legales o para hacer espacio en el disco rígido de los distintos usuarios de una empresa.

Hay que tener en cuenta este ítem en particular ya que con ello ahorraremos mucho tiempo en realizar los backup completos, liberar espacio en los medios magnéticos, con su consecuente ahorro monetario y por último liberar de tráfico a la red.

Backup en cintas

En savedata NO recomendamos el uso de cintas ya que tienen múltiples problemas.

Generalmente las grabadoras de nivel medio de cintas no hacen un control de calidad de grabación y siempre dicen que la grabación fue exitosa.

Si lo que se rompe es el servidor o el dispositivo de cinta para recuperar este backup hay que tener el mismo dispositivo con el mismo software que se hizo el backup y la misma versión del software. El problema que aquí se genera a largo plazo y cuando realmente necesitamos salir del paso, es que con el tiempo este equipo queda obsoleto, si se rompe ya no se consiguen nuevos en plaza, en muchas ocasiones se carga el software y se pierden los keys y los cd de instalación, volviendose dificultoso conseguir la misma versión, con esto quedamos totalmente desamparados en el peor momento de la empresa.

Otra de las causas de pérdida de datos con cintas, es que ellas tienen un nivel corto de vida, después de la décima grabación la cinta no graba absolutamente nada, la reposición de estas tiene que ser en forma continua para que sigan siendo útiles.

Rotación de cintas

Hay mucha variedad en rotación de cintas y tenemos que encontrar el mas adecuado para nuestra empresa, en éste ejemplo vamos a ver una forma de realizarlo con 6 cintas, y es de fácil mantenimiento.

cuatro cintas para la semana (de lunes a jueves)
una cinta para cada viernes
y una cinta para los viernes impares

Se realiza una copia incremental cada día y una copia completa en la cinta de cada viernes.

Para concluir esta tarea en forma adecuada, tendriamos que sacar del edificio la copia de los viernes.

Por Otras variaciones de esquemas de backup ir a *Pag. 53* ***«Apéndice A».***

Los pro y contra del backup en disco rígido

Se reutilizan una y otra vez
Mayor velocidad de guardado
Mayor velocidad cuando se recupera de un desastre
Si el backup fue hecho sin encriptación ni comprimido, el acceso es directo
El costo de Gb / dolar es menor que en las cintas
Se los puede usar como seudo cintas

Los pro y contra del backup en cintas

Son lentas para generar el backup

Son lentas para recuperarse de un desastre
Los cartuchos son muy caros
Hay que tener el equipo y el software adecuado
Tienen una vida corta de uso

Backup en discos

Como hemos visto en la *Pag. 42* «***Los pro y contra del backup en disco rígido***» es mucho mas viable un backup en disco que en cinta.

Espejado asincrónico

El espejado asincrónico, es un espejado a otro equipo, que puede o no estar fuera del edificio, esta sincronización de los datos se genera cada determinado lapso de tiempo, este lapso es impuesto por el gerente de IT o el administrador de red.

Con este metodo de backup, el lapso de tiempo entre backup y backup es lo que determina la cantidad de datos que perderemos al momento de producirse una catastrofe.

Espejado sincrónico

El espejado sincrónico, al igual que el espejado asincrónico, es un espejado de la información a otro equipo pero con la diferencia que es en tiempo real, este formato de backup, permite la perdida de datos de los últimos minutos de trabajo.

Este metodo de backup es un poco mas lento que el espejado asincrónico por que antes de dar la respuesta a la solicitud de un usuario primero tiene que espejar y luego responder.

Cluster

Cluster o clustering es un grupo de varias computadoras unidas mediante la red, de tal forma que este conjunto de equipos es visto como un único server. Con un cluster se logra una combinación de los siguientes servicios:

Alto rendimiento
Alta disponibilidad
Equilibrio de carga
Escalabilidad

Los equipos de un cluster pueden tener variaciones.

Cluster homogéneo: todos tienen la misma configuración de hardware y sistemas operativos.

Cluster semi-homogéneo: los equipos son diferentes y los sistemas operativos son similares.

Cluster heterogéneo: los equipos y los sistemas operativos son diferentes.

Para que un cluster funcione como tal, no basta con conectarlos entre si por medio de la red, también es necesario proveer un software para el manejo del cluster, el cual se encarga de interactuar con el usuario y los procesos que corren en él.

Con este sistema de trabajo si alguno de los equipos dejara de funcionar por alguna falla, los restantes seguirán atendiendo las peticiones de los usuarios.

Cuidados

En todos los casos anteriores descriptos, es aconsejable que uno de los espejado esté fuera del edificio a fin de incrementar el nivel de seguridad en el cuidado de los datos.

Si bien es cierto que con esta forma de trabajar nos relajamos un poco con respecto a la seguridad, disponibilidad y cuidado de los datos, es imperativo recordar que la rutina de backup hay que seguirla realizando ya que si ingresa al sistema un virus y nos corrompe parte de los archivos y nuestra reacción a solucionar este problema es tardío, estos archivos corruptos van a sobreescribir nuestros archivos en buen estado no pudiendo volver al estado anterior con los datos.

Software de clustering

Tenemos en plaza una gran variedad y el propio Windows 2000 /2003 lo trae incorporado.

IP Sprayer
WebSphere Edge Server
Windows 2000 / 2003
SGI Altix XE
Veritas

Software de backup

En plaza tenemos una gran variedad de software de backup automatizados que pasamos a detallar a continuación:

Copy 365 Easy Backup
Symantec Backup Exec 11D W CPS
Brighstor Arcserver Backup R11.5 for Windows
SP Backup
Handy Backup
Rainfinity de EMC
Veritas

Lo más conveniente, en el caso que no se sepa que software utilizar, es que el administrador de red o gerente de IT, baje diferentes demos en alguna máquina de prueba y seleccione el mas conveniente o adecuado después de testearlos para su red y para sus usuarios.

Tips

Apagar el ordenador correctamente.

No manipular en forma brusca los sistemas de almacenamiento.

Siempre que se haga una copia de seguridad se la tiene que hacer doble, una para que quede en manos del administrador de red y/o gerente de IT y la otra en manos del dueño de la empresa o de algún gerente encargado de este tema, para que saque esta copia del edificio donde están situados físicamente esos server.

Alejar los backup de fuentes de calor o frío, evitar cambios bruscos de temperatura que pueden deformar algún elemento mecánico del disco rígido o provocar condensación que provoque averías en la electrónica del disco rígido.

Alejar los backup de fuentes que generen grandes campos magnéticos, se puede perder la información grabada en el disco rígido o en cintas magnéticas.

Si considera que tiene un problema potencial entre manos

Si sospecha que tiene una potencial pérdida de datos, siga estos consejos:

No tratar de arrancar o resetear reiteradamente el equipo, puede agravar el problema, dificultarlo aún mas o incluso hacer inútil cualquier intento de recuperación de datos.

Desenchufar el equipo para que se apague todo y no se lo

vuelva a prender por error.

No utilizar software de recuperación de datos, por que éste está pensado para ejecutarse en un dispositivo sin fallas físicas y bajo ningún concepto grabar los datos recuperados en el mismo dispositivo que se está recuperando, éste factor es una de las principales causas de la perdida parcial o total de los datos.

No intentar abrir el disco rígido, solo se logrará contaminar su interior y empeorar la situación.

No formatear un disco rígido con problemas, solo se agregará un nivel extra de dificultad a la tarea de recuperación.

Nunca de por hecho que la información perdida es irrecuperable hasta que haya sido diagnosticada por gente capacitada.

Nunca intentar secar los discos rígidos que se hayan visto dañados por agua abriéndolos o exponiéndolos a alguna fuente de calor, como por ejemplo a un secador de pelo.

No intentar hacer funcionar ningún dispositivo que a simple vista sea evidente que está dañado.

CAPÍTULO V

Conclusión

Cuando uno compra un bien, ya sea una heladera, un departamento, etc., en ese preciso momento comienza el cuidado y el mantenimiento de dicho bien.

A la información hay que tomarla como un bien que se generó por trabajo o como un activo no tangible y darle los cuidados y el mantenimiento adecuado.

El armar una política de backup y un plan de recuperación de desastre no hay que verlo como un gasto ni de tiempo ni dinero, hay que tomarlo como una inversión, por que, la consecuencia de este acto es ahorrar tiempo y dinero a largo plazo, lo que se busca con todo lo que hablamos en esta charla es evitar la:

Perdida de dinero
Perdida de datos importantes, parciales o totales
Perdida de tiempo en rearmar los datos
Perdida de servicios

Pérdida de dinero

Es evidente que con la perdida de datos se producen perdidas de dinero importantes por que en estos datos se encuentran todos los datos de nuestra empresa o parte importante de ellos, como por ejemplo bases de datos, de deudores, acreedores, niveles de producción, cotizaciones, proyectos a futuro, etc.

Pérdida de datos importantes, parciales o totales

A pesar de que se puede rearmar en forma parcial o total la estructura de datos siempre hay dudas de que lo que se rearmó es igual a lo que se perdió, si están correctamente cargados y/o actualizados.

Pérdida de tiempo en rearmar los datos

Una vez asumida la pérdida de datos se empieza a rearmar la estructura de estos para el buen funcionamiento de la empresa con datos que se tienen en papel, con archivos que estaban copiados en otros equipos, con backups viejos, etc.

En muchas ocasiones cuando la cantidad de datos perdidos es muy grande hay que sumar una cierta cantidad de nuevo personal no permanente a la empresa para que se dediquen únicamente al ingreso de los datos en las computadoras (Data Entry).

La práctica nos muestra que un alto porcentaje de los documentos generados por las pymes y empresas se producen electrónicamente y en menor medida estos documentos jamás se pasan a papel.

Pérdida de servicios

Mientras se rearman las estructuras de datos hay servicios que tienden a trabajar en un nivel de menor calidad que el normal ya que hay servicios que se manejan expresamente por computadora, como por ejemplo: citas a personas, anotación de las llamadas telefónicas salientes y entrantes, respuestas de mail, cotizaciones, etc.

Primera ley de Murphy

Es un dicho popular usado cuando algo no sale de la mejor manera o como lo teniamos planeado.

«cuando algo te puede salir mal..., te va a salir mal»

En Savedata muchos de los trabajos que nos llegan son por ley de Murphy, la tenemos siempre presente, con esto les quiero decir que nunca se confíen cuando halla información sensible de por medio.

Si piensan que tomaron todos los recaudos necesarios, revisen una y otra vez para asegurarse de que no van a cometer errores cuando tengan que manipular información, es por ello que concluyo con la frase que comenzamos .

**« NO HAY MEJOR INFORMACIÓN
RECUPERADA QUE LA NO PERDIDA»**

APÉNDICE A

Otros métodos de backup

El formato de backup GFS «Grandfather-Father-Son» o «abuelo-padre-hijo» es un método de rotación de cintas estándarizado y cubre la mayoria de las necesidades de backup, recuperación de desastres y archiving.

Copias de seguridad diarias (Son, hijo)
Copias de seguridad semanales (Father, padre)
Copias de seguridad mensuales (Grandfather, abuelo)

Por lo general, las copias de seguridad semanales y mensuales son copias completas y las copias de seguridad diarias son copias diferenciales o incrementales. Las copias de seguridad semanales y mensuales se deberían guardar fuera de la empresa para poder contar con ellas ante siniestro.

Backup diferencial

Los archivos que se almacenan son aquellos modificados

después del último backup total. Se almacena el documento modificado sobreescribiendo el anterior.

Backup incremental

Los datos que se almacenan son aquellos modificados después del último backup total, solo se suma el almacenamiento de el documento modificado.

Rotación de 11 cintas en 5 días / 4 semanas / 3 meses

Las cintas se deben enumerar y etiquetar de la siguiente manera:

4 cintas para backup diferencial diario	[1-4]
3 cintas para backup incremental semanal	[5-7]
3 cintas para backup total mensual, esto es el 4to. viernes de cada mes	[8-10]
1 cinta más para backup incremental si hubiera un 5to. viernes en el mes	[11]

	Lun	Mar	Mié	Jue	Vie	Sáb	Dom
cintas:	1	2	3	4	5	-	-
cintas:	1	2	3	4	6	-	-
cintas:	1	2	3	4	7	-	-
cintas:	1	2	3	4	8-10	-	-
cintas:	1	2	3	4	11	-	-

Rotación de 12 cintas en 5 dias / 4 semanas / 3 meses

Las cintas se deben enumerar y etiquetar de la siguiente manera:

4 cintas para back-up incremental diario	[1-4]
5 cintas para back-up total semanal	[5-8]
3 cintas para backup total mensual	[10-12]
1 cinta más para backup incremental si hubiera un 5to. viernes en el mes	[9]

	Lu.	Mar.	Mié.	Jue.	Vie.	Sáb.	Dom
cintas:	1	2	3	4	5	-	-
cintas:	1	2	3	4	6	-	-
cintas:	1	2	3	4	7	-	-
cintas:	1	2	3	4	8	-	-
cintas:	1	2	10-12[1]	-	9[2]	-	-

1- El último días hábil del mes
2- Cuando hay un 5to. viernes en el mes

APÉNDICE B

Niveles de raid

Las siglas raid significan en ingles «Redundant Array of Inexpensive Disks», «conjunto redundante de discos baratos», esto hace referencia a un sistema de almacenamiento que usa múltiples discos duros entre los que distribuye o replica los datos.

Dependiendo de su configuración o arreglo, los beneficios de un raid respecto a un único disco son varios:

Mayor integridad
Mayor tolerancia a fallos
Mayor rendimiento
Mayor capacidad

El raid combina múltiples discos en una sola unidad lógica y de mayor capacidad y en lugar de ver diferentes discos, el sistema operativo sólo ve uno.

Con la baja de precios de los discos duros y la amplia variedad de motherboard con opciones de raid en las placas base, se ha facilitado mucho realizar uno.

Estos arreglos se los ve con frecuencia en las computadoras o server dedicados a tareas de almacenamiento, edición de audio y vídeo, bases de datos, etc.

Implementación

Los raid pueden realizarse de varias formas, por hardware, por software o hibridos.

Con la implementación por software, el sistema operativo genera los arreglos de discos a través de una controladora de disco normal ata, sata, scsi, fibre channel, etc.

Esta solución es lenta, ya que el rendimiento va en función del cpu y de la cantidad de procesos que el sistema operativo tenga que atender.

Los sistemas basados en software son mucho más flexibles permitiendo, construir raid de particiones en lugar de discos completos y armar raid de discos conectados en diferentes controladoras.

Con una implementación por hardware se requiere de una controladora raid específica, como ser una placa de expansión independiente o integrada en el motherboard.

Esta placa sirve para administrar los discos, armar los raid y efectúar los cálculos de paridad necesarios para algunos niveles raid.

Esta opción ofrece un mejor rendimiento y le consume menos recursos al sistema operativo, de hecho es totalmente transparente para éste.

Las implementaciones por hardware suelen soportar hot swap y hot spare, permitiendo que los discos que fallen puedan reemplazarse sin necesidad de detener el sistema.

Cuando la cantidad de discos para el armado de un raid es grande se suelen montar en una caja externa o raicera, que a su vez se conecta al sistema principal por diferentes conexiones scsi, fibre channel, etc. Hay raiceras que son totalmente autónomas, conectándose al resto del sistema como un Nas.

Una de las características de las raiceras por hardware es que pueden incorporar un caché de escritura no volátil, con alimentación por batería, esto permite aumentar el rendimiento del conjunto de discos sin comprometer la integridad de los datos en caso de que el sistema falle. Esta característica no está disponible en los sistemas por software, que suelen presentar el problema de reconstruir el conjunto de discos cuando el sistema es reiniciado tras una falla para asegurar la integridad de los datos.

Todas las implementaciones soportan el uso de uno o más discos de reserva «hot spare», estos discos se instalan cuando se arma el raid dejandolos sin usar y así poder usarse inmediatamente tras la falla de un disco del arreglo, generalmente en forma automática. Esto reduce el tiempo del período de reposición del disco que falló y acorta el tiempo de reconstrucción.

Las controladoras de raid híbridas son una mezcla, el hardware es una controladora de disco normal sin características de raid y el sistema incorpora una aplicación de bajo nivel o también una placa externa que permite a los usuarios construir un raid.

Raid 0 o data stripping

Un raid 0 distribuye los datos en pequeños segmentos entre dos o más discos sin bit de paridad, es decir, no ofrece tolerancia a fallo, si ocurre alguna falla la información de los discos se pierde y se debe restaurar desde un backup.

Este arreglo se usa normalmente para incrementar el espacio, como también para incrementar el rendimiento de lectura y escritura en disco, a mayor cantidad de discos la velocidad de lecto-escritura es mayor ya que los segmentos de los datos se distribuyen en una mayor cantidad de discos.

Puede ser creado con discos de diferentes tamaños. El espacio de almacenamiento total estará limitado al tamaño del disco más pequeño.

Por ejemplo, si tenemos un disco de 80 Gb y otro de 60 Gb, el tamaño resultante será de 120 Gb.

Si todos los discos son de la misma capacidad, la perdida de almacenamiento en el armado es cero ya que no tiene bit de paridad.

Jbod o spanning

Jbod «just a bunch of drives», «sólo un montón de discos» no es un nivel de raid, es un método de combinar múltiples discos rígidos en un solo disco virtual.

Consiste en un conjunto de discos sin redundancia, puede ser visto como un simil al raid 0 pero su forma de trabajar es diferente, este método es usado para combinar varias unidades pequeñas o sobrantes de otras particiones y asi obtener una unidad mayor con un tamaño útil de forma que se comporten como un único disco, los discos son concatenados entre si.

Windows 2000, Windows 2003 y Windows XP soportan Jbod vía software, llamado spanning de discos dinámicos.

Raid 1 o data mirroring

Un raid 1 crea una copia exacta o espejado de un conjunto de datos en dos o más discos rígidos.

La mayor capacidad que se puede lograr es como el más pequeño de sus discos, el arreglo mas comun son dos discos en espejo, la desventaja que tiene es que se pierde el 50% de la capacidad de almacenamiento.

Desde el punto de vista de la seguridad, tiene tolerancia a fallo ya que dispone de la misma información en cada disco rígido, la contra es que si entra un virus a nuestro equipo y nos corrompe la información, lo hace en tiempo real en todos los discos rígidos del arreglo.

Este arreglo es útil cuando el rendimiento de lectura es más importante que el de escritura ya que lee de todos los discos rígidos al mismo tiempo, al escribir, el conjunto se comporta como un único disco rígido, dado que los datos tienen que ser escritos en todos los discos y el rendimiento es normal a un disco.

Raid 2 o acceso paralelo

El raid 2 utiliza el método Hamming, cada byte de dato que se almacena se distribuye entre los discos del raid, intercalado con el byte de ECC.

De esta manera este arreglo divide los datos a nivel de bits en lugar de a nivel de bloques, lo ideal serían 39 discos en este arreglo, 32 se usarían para almacenar los bits individuales que forman cada palabra y 7 se usarían para la corrección de errores.

Este arreglo tiene tasas de trasferencias extremadamente altas, en la actualidad este nivel de raid no se usa.

Raid 3

Un raid 3 divide los datos en los discos a nivel bytes con un disco dedicado a la paridad ECC (error checking and correction) dedicado.

Para este arreglo se necesitan como minimo 3 discos rígidos, dos para datos y el tercero para la paridad, es decir que en este caso se pierde un 33% de la capacidad de almacenamiento, cuanto mas discos tenga el arreglo es menor la capacidad perdida.

Cualquier operación de lectura o escritura exige activar todos los discos del conjunto.

RAID 4

El Raid 4 usa división por bloques a diferencia del raid 3 que usa división por bytes, con un disco rígido dedicado a la paridad, esto permite que cada disco del arreglo funcione independientemente cuando se solicita un único bloque.

Raid 5 con paridad distribuida

Un raid 5 distribuye los datos a nivel de bloques y la información de paridad entre todos los discos del arreglo.

Generalmente se lo implementa con soporte de hardware

para el cálculo de la paridad.

Cada vez que un bloque de datos se escribe, se genera un bloque de paridad dentro de la misma división, un bloque se compone de muchos sectores consecutivos de un disco, los bloques de paridad no se leen en las operaciones de lectura de datos, por que es una sobrecarga innecesaria y disminuiría el rendimiento, los bloques de paridad se leen cuando la lectura de un sector de datos provoca un error de control de redundancia cíclica (CRC).

Este arreglo presentan un rendimiento pobre cuando se someten a cargas de trabajo que incluyen muchas escrituras de archivos pequeños que el tamaño de una división, esto se debe a que la paridad debe ser actualizada para cada escritura, lo que exige realizar secuencias de lectura, modificación y escritura tanto para el bloque de datos como para el de paridad.

Raid 6 con acceso independiente y doble paridad

Un Raid 6 es una ampliación del Raid 5, añade un segundo bloque de paridad, por lo que divide los datos a nivel de bloques y distribuye los dos bloques de paridad entre todos los miembros del conjunto.

Este arreglo es ineficiente cuando se usa un pequeño número de discos pero a medida que el conjunto crece y se dispone de más discos la pérdida en capacidad de almacenamiento se hace menos importante, este arreglo proporciona protección doble cuando se está reconstruyendo un disco.

La perdida de capacidad de almacenamiento de datos es n-2, siendo n el número total de discos del conjunto.

Este arreglo no pierde rendimiento en las operaciones de lectura, pero sí, en el de escritura debido al proceso que exigen los cálculos adicionales de paridad.

Raid 5E y Raid 6E

Se llaman raid 5E y raid 6E a las variantes del 5 y 6 por que incluyen discos de reserva «hot spare».

No tienen ninguna mejora de rendimiento, pero sí se minimiza el tiempo de reconstrucción.

Raid anidados

Los raid anidados se indican uniendo en un solo número los niveles de raid que contienen, poniendo a veces un signo + entre ellos.

Por ejemplo, el raid 10 o raid 1+0, consiste en varios arreglos de nivel 1 y luego se suma todos estos arreglos en un raid 0.

También podría ser raid 0+1 o raid 01, se generan raid 0

para luego espejarlos.

En estos dos ejemplos lo que buscamos es tener redundancia con el raid 1 y velocidad con el raid 0.

Niveles raid propietarios

Todas las implementaciones de raid son diferentes para tratar de tener un amplio de donde elegir, a pesar de eso algunas compañías han desarrollado implementaciones completamente propietarias que difieren sustancialmente de todas las demás.

raid 1.5
raid 7
raid S o raid de paridad
Matrix raid
Linux MD raid 10
IBM Server raid 1E
raid Z